My Number Book · Mi libro de números

SOUTHWESTERN

KINGFISHER
This edition published in 2011
by the Southwestern Company
by arrangement with Kingfisher

First published as *First Number Book* in 2001
Copyright © Kingfisher 2001

Library of Congress Cataloging-in-Publication Data has been applied for.

ISBN 978-0-7534-6387-1

Printed in China

Written by Patti Barber
Illustrated by Mandy Stanley
Educational consultant: Ann Montague-Smith
Spanish translation: María del Pilar Gáñez,
Dileri Johnston, Sonia Savage

Contents / Índice

11

0

14

7

4

15

8

12

3

10

2

6

5

9

1

13

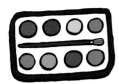

Suggestions for parents

This colorful and exciting first number book is an invaluable way for you to help your child become familiar with numbers and counting. Counting may seem straightforward to adults, but it is a complex set of concepts for children to understand. By encouraging young children to have fun with mathematics, you will help them build their confidence.

When looking at this book with your child, get them to guess how many things they can see around them. Talk about numbers in everyday life. Discuss numbers that are special to your family, such as telephone numbers, street numbers, and ages. Children are also fascinated by fractions, such as halves and quarters.

Make it interesting and exciting when you look at this book together. Ask your child to point to the objects one by one. Encourage your child to say and then learn the first few number names. Talk about the sequence of numbers—the order that they are in—for example, 1, 2, 3, 4, 5. Ask what number comes next. Talk about the last number named when you are counting and discuss the total number of objects. Use ordinal number names—for example, what comes first, second, third, etc.

Math also includes shapes and space and measurements, and there are some examples of these in the book, too. Shapes of objects are also part of mathematics, and the book includes illustrations of straight-sided and curved-sided objects, as well as opposites, such as thick and thin. Early interest in measurements can be encouraged by including your child in cooking and practical tasks. And they should look at the gauges on measuring instruments such as gas pumps, scales, and rulers.

But most of all, have fun!

Patti Barber

Patti Barber, Lecturer in Primary Education
Institute of Education, University of London

Sugerencias para los padres

Este primer libro de números, lleno de color y atractivos dibujos, es una manera inestimable para ayudar a su hijo a familiarizarse con los números y el proceso de contar. A los adultos les puede parecer que el proceso de contar es relativamente sencillo, pero abarca una serie de conceptos complejos que el niño debe entender. La confianza del niño aumentará si la noción de las matemáticas se le presenta en un ambiente divertido.

Cuando mire el libro con su hijo, anímelo a adivinar cuántas cosas ve a su alrededor. Hablen de los números en la vida cotidiana o de aquellos que son significativos para su familia, como los números de teléfono, el número de su dirección y las edades de los miembros de la familia. A los niños también les fascinan las fracciones, como las mitades y los cuartos.

Haga de esta actividad una experiencia entretenida. Pídale al niño que señale los objetos uno por uno. Ayúdelo a decir y, luego, a aprender los nombres de los primeros números. Hablen de su secuencia—el orden en que aparecen—por ejemplo, 1, 2, 3, 4, 5. Pregunte qué número sigue. Hablen del último número que nombraron al contar y de la cantidad total de objetos contados. Use también los nombres de los números ordinales; por ejemplo, qué viene en primer lugar, segundo, tercero, etc.

Las matemáticas asimismo incluyen las figuras geométricas, el espacio y las medidas. También hay ejemplos de estos conceptos en el libro, donde verá ilustraciones de objetos con líneas rectas y curvas, así como los opuestos, (grueso y delgado). Una manera de fomentar, desde temprana edad, el interés del niño en las medidas es haciéndolo participar en tareas prácticas como la cocina. También es buena idea señalarle los indicadores de instrumentos de medir, como las bombas de gasolina, las balanzas y las reglas.

Pero lo más importante es que se diviertan.

Patti Barber

Patti Barber, profesora de educación primaria
Institute of Education, University of London

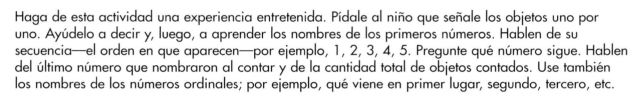

How many can you see?
¿Cuántas cosas ves?

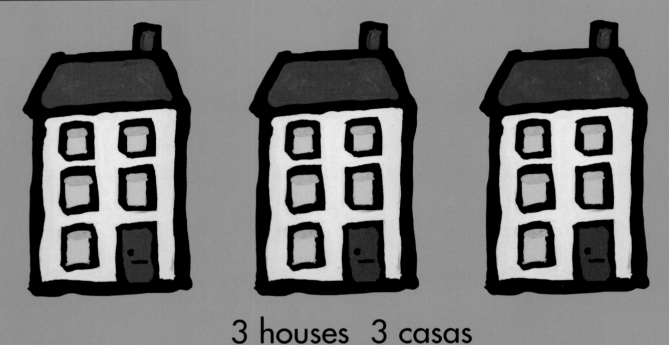

3 houses   3 casas

5 snowmen   5 muñecos de nieve

How many windows does each house have?
¿Cuántas ventanas tiene cada casa?

4 ice-cream cones 4 helados

butterfly
mariposa

2 dolls
2 muñecas

Can you count all the buttons on the snowmen?
¿Cuántos botones tienen en total los muñecos de nieve?

Count from 1 to 10
Cuenta del 1 al 10

1 snail
1 caracol

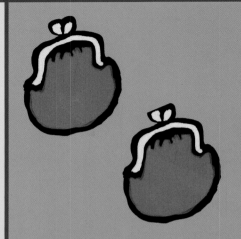

2 coin purses
2 monederos

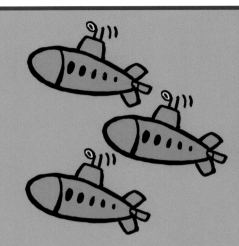

3 submarines
3 submarinos

4 mushrooms
4 hongos

5 cacti
5 cactus

6 aliens
6 extraterrestres

How many fingers do you have on each hand?
¿Cuántos dedos tienes en cada mano?

7 mice   7 ratones

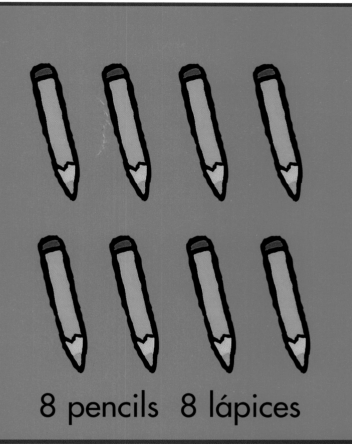

8 pencils   8 lápices

9 cherries   9 cerezas

10 soccer balls
10 balones de fútbol

How many toes do you have on both feet?
¿Cuántos dedos tienes en los pies?

Counting at the seashore
Contemos en la playa

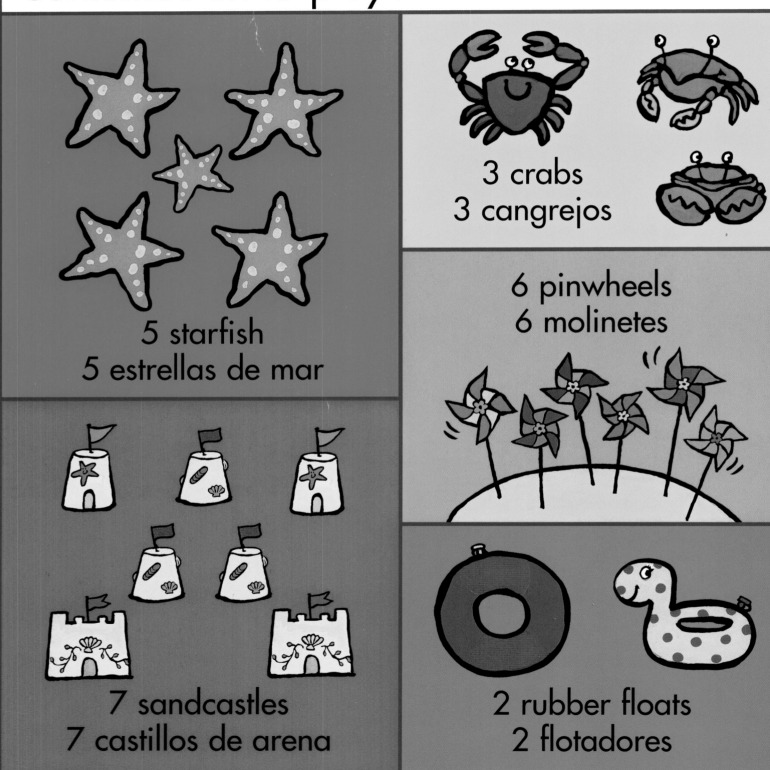

5 starfish
5 estrellas de mar

3 crabs
3 cangrejos

6 pinwheels
6 molinetes

7 sandcastles
7 castillos de arena

2 rubber floats
2 flotadores

What else can you count at the seashore?
¿Qué más puedes contar en la playa?

10 toes in the sand
10 dedos en la arena

1 ice-cream truck
1 camión de helados

5 pails and 4 shovels 5 cubetas y 4 palas

4 pairs of sunglasses
4 pares de lentes oscuros

8 shells 8 conchas

What can you count in your backyard?
¿Qué cosas puedes contar en tu jardín?

Can you count 5 of one thing?
¿Puedes contar 5 de una sola cosa?

1 bird
1 pájaro

3 mugs
3 tazas

2 bags
2 bolsos

5 rings   5 anillos

4 seahorses   4 caballitos de mar

Can you find the number 5?
¿Puedes encontrar el número 5?

5 cats 5 gatos

4 flowers 4 flores

5

3 bugs 3 bichos

1 polar bear
1 oso polar

Can you count 5 of your toys?
¿Puedes contar 5 de tus juguetes?

Who has the most babies?
¿Quién tiene más bebés?

The frog has 5 tadpoles.
La rana tiene 5 renacuajos.

The swan has 3 cygnets.
El cisne tiene 3 cisnecitos.

The rabbit has 4 bunnies.
El conejo tiene 4 conejitos.

The fox has 2 cubs.
El zorro tiene 2 cachorros.

Who has the fewest babies?
¿Quién tiene menos bebés?

The lion has 4 cubs.
El león tiene 4 cachorros.

The kangaroo has 1 joey.
El canguro tiene
1 cangurito.

The pig has 2 piglets.
El cerdo tiene 2 cochinillos.

The hen has 3 chicks.
La gallina tiene 3 pollitos.

Does the pig have more babies than the lion?
¿Quién tiene menos bebés: el león o el cerdo?

Who has the least?
¿Quién tiene menos cosas?

The horse has 2 riders.
El caballo tiene 2 jinetes.

The red clown has
4 balloons.
El payaso rojo tiene
4 globos.

The purple
clown has
5 flowers.
El payaso
morado
tiene 5 flores.

How many have 2 things?
¿Cuántos tienen 2 cosas?

The blue clown
has 2 pies.
El payaso azul
tiene 2 pais.

The green clown
has 3 birds.
El payaso verde
tiene 3 pájaros.

The yellow clown
has 2 buckets.
El payaso amarillo
tiene 2 cubetas.

The 3 acrobats
have 1 bicycle.
Los 3 acróbatas
ienen 1 bicicleta.

The seal has 1 ball.
La foca tiene
1 pelota.

The juggler
has 4 clubs.
La malabarista
tiene 4 palos.

How many clowns can you see?
¿Cuántos payasos ves?

In what order do you get dressed?
¿En qué orden te pones la ropa?

2nd
2°

shirt
la playera

6th
6°

sneakers
los tenis

7th
7°

coat
el abrigo

8th
8°

hat
la gorra

4th
4°

socks
los calcetines

18

Do you get dressed in this order?
¿Tú te pones la ropa en este orden?

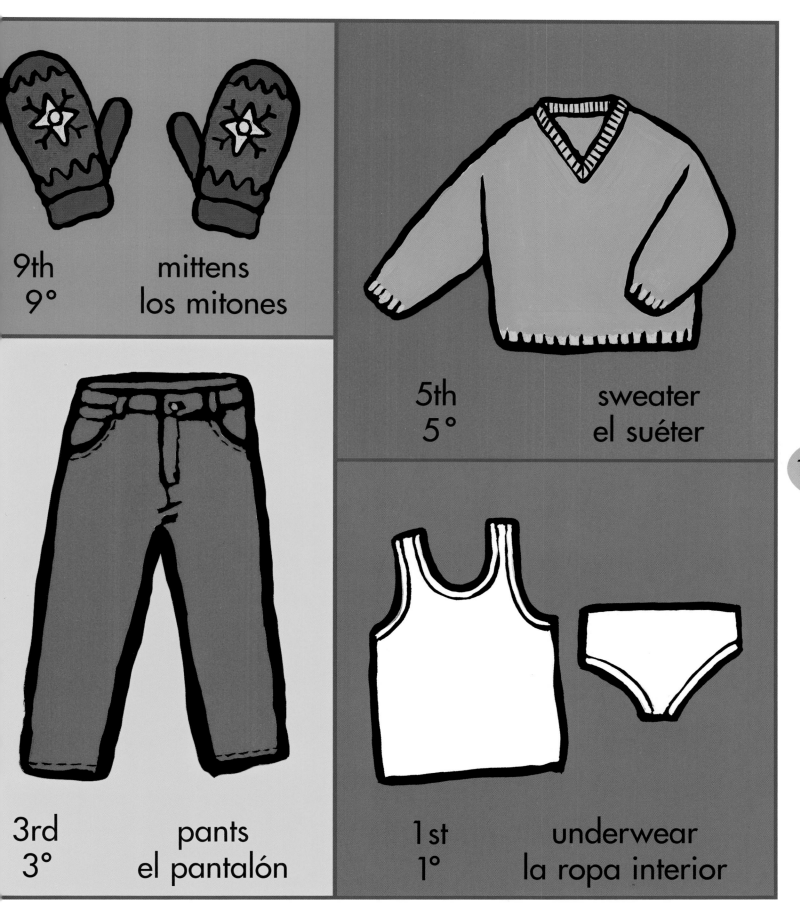

9th
9°
mittens
los mitones

5th
5°
sweater
el suéter

3rd
3°
pants
el pantalón

1st
1°
underwear
la ropa interior

19

What do you put on last?
¿Cuál es la última cosa que te pones?

Where does Puppy go on his walk?
¿Adónde va Cachorro de paseo?

First, Puppy goes out the gate.

Primero, Cachorro sale por la puerta.

Then he walks under the bridge.

Luego, pasa debajo del puente.

Next he climbs up the hill . . .
Después, sube la colina . . .

and runs down the stairs.
y, más tarde, baja las escaleras.

Which place does Puppy go to second?
¿Cuál es el segundo lugar que visita Cachorro?

He hides behind
the flowers . . .

Se esconde atrás
de las flores . . .

crosses over
the river . . .

cruza el río . . .

and stops for a rest
in front of the pond.

y se detiene en
el estanque.

Puppy
then runs
through the
woods . . .

Luego, atraviesa el bosque . . .

scampers down the path . . .
corretea por el sendero . . .

and goes in the door.
y entra por la puerta.

Can you count the places that Puppy goes to?
¿Puedes contar a cuántos lugares va Cachorro?

Count the sides on each shape
¿Cuántos lados tiene cada forma?

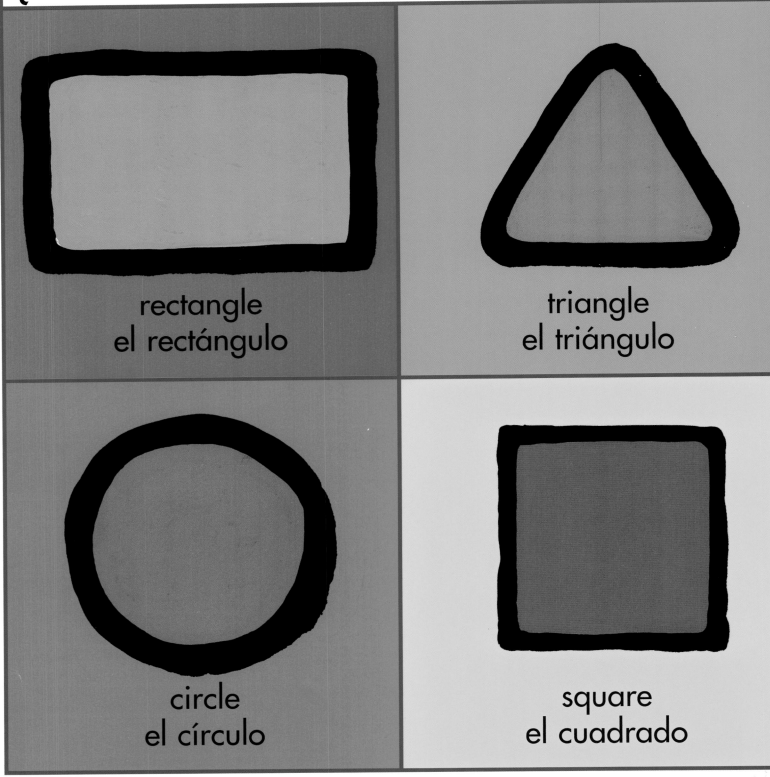

rectangle
el rectángulo

triangle
el triángulo

circle
el círculo

square
el cuadrado

Which shape has the most sides?
¿Qué forma tiene más lados?

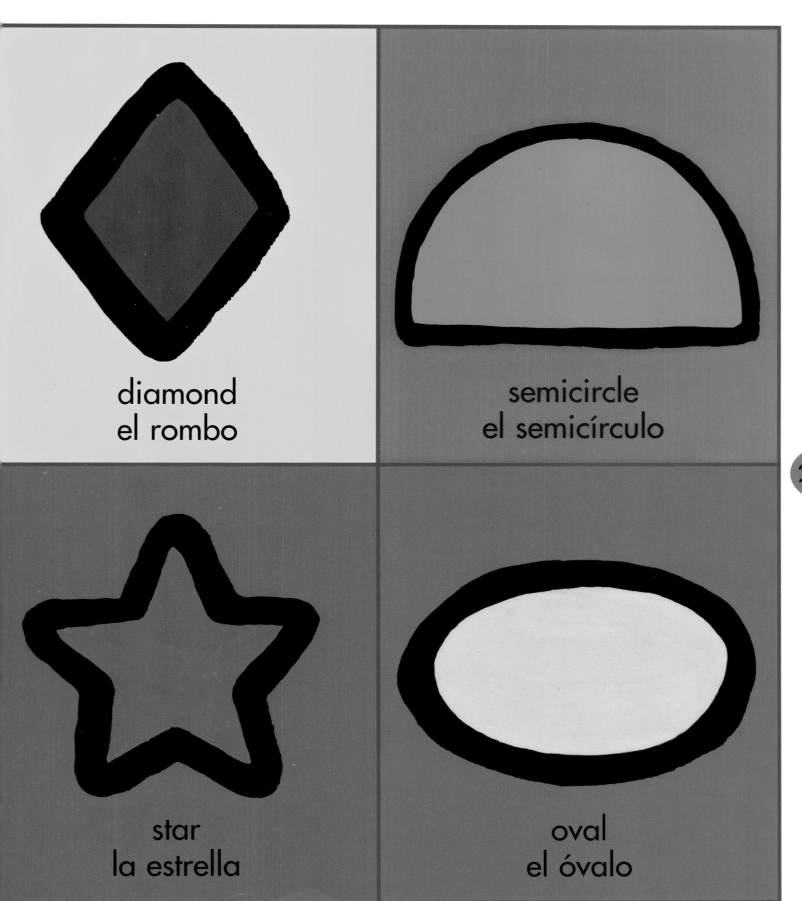

diamond
el rombo

semicircle
el semicírculo

star
la estrella

oval
el óvalo

Which shapes have no sides?
¿Qué formas no tienen lados?

Find the numbers at home
Encuentra los números en casa

front door
la puerta

dartboard
la diana

toy race car
el cochecito de carreras

measuring cup
en la taza para medir

Are there numbers on any of your toys?
¿Alguno de tus juguetes tiene números?

telephone
el teléfono

bathroom scale
la báscula

stove
la cocina

Sally Smith
10 Maple Street
Anywhereville

Pati Perez
Roble #10
Dondesea

envelope
el sobre

12:18

clock radio
el radiodespertador

What other numbers can you see in your house?
¿Puedes encontrar otros números en tu casa?

Can you see which is longer?
¿Cuál es más largo?

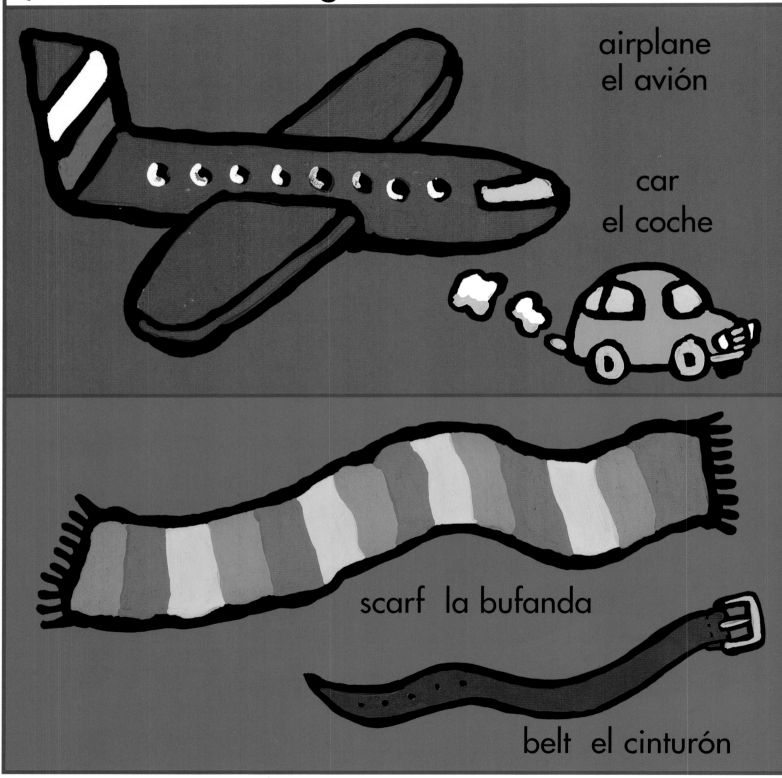

airplane
el avión

car
el coche

scarf la bufanda

belt el cinturón

26

What is your longest toy?
¿Cuál es tu juguete más largo?

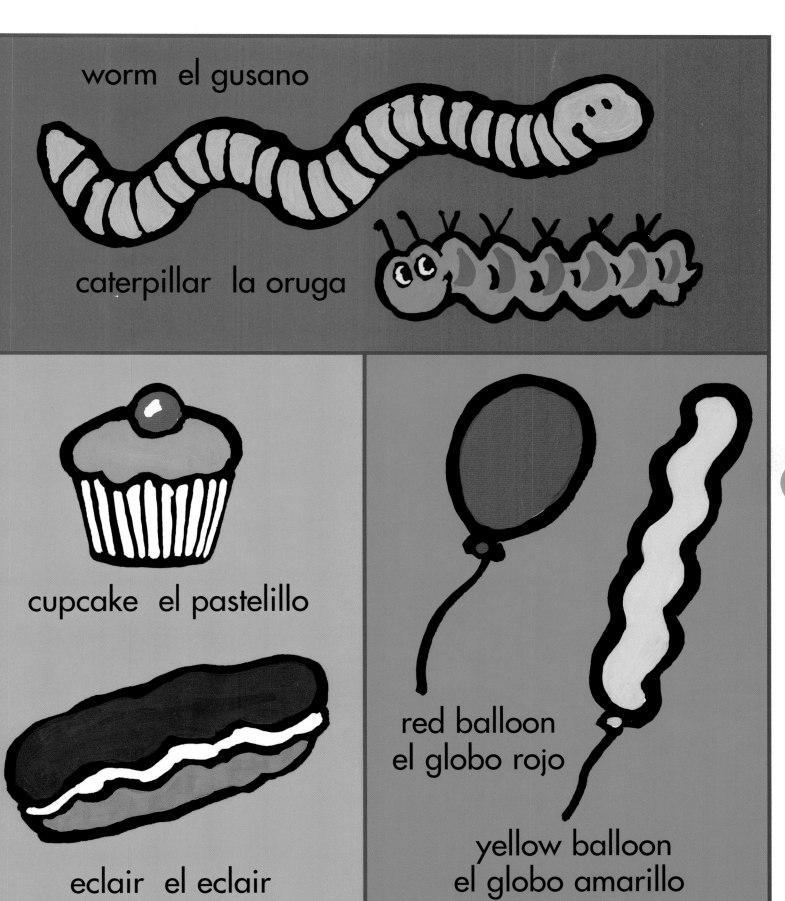

worm   el gusano

caterpillar   la oruga

cupcake   el pastelillo

eclair   el eclair

red balloon
el globo rojo

yellow balloon
el globo amarillo

Can you find your shortest toy?
¿Cuál es tu juguete más corto?

How many animals are there?
¿Cuántos animales hay?

5 penguins
5 pingüinos

1 panda
1 panda

4 lemurs
4 lémures

3 giraffes
3 jirafas

2 ostriches
2 avestruces

Are there more sharks than snakes?
¿Hay más tiburones que serpientes?

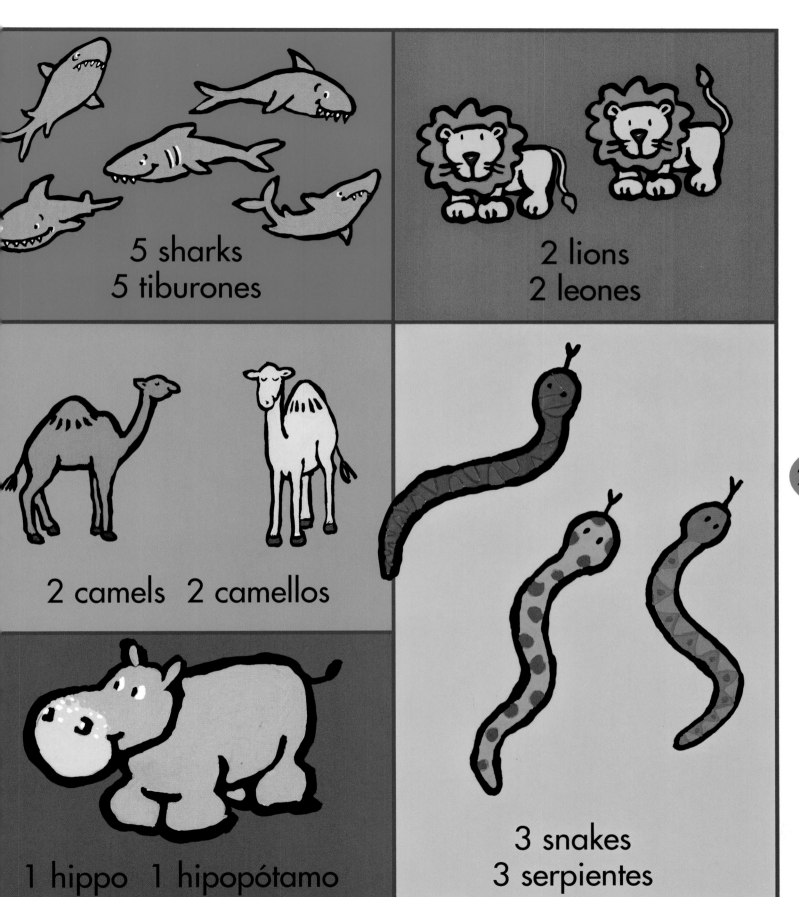

5 sharks
5 tiburones

2 lions
2 leones

2 camels 2 camellos

1 hippo 1 hipopótamo

3 snakes
3 serpientes

29

Are there more lions than lemurs?
¿Hay más leones que lémures?

Find the opposites!
Encuentra los contrarios

tall
alto

short
bajo

big
grande

small pequeño

Can you think of other opposites?
¿Conoces otros contrarios?

light liviano

heavy pesado

thick grueso

thin delgado

empty vacío

full lleno

Can you count all the things on this page?
¿Puedes contar todas las cosas en esta página?

How many wheels can you see?
¿Cuántas ruedas ves?

train el tren

bike
la bici

car
el coche

roller skates
los patines

Which has the most wheels?
¿Cuál de estas cosas tiene más ruedas?

airplane
el avión

motorcycle
la motocicleta

boat
el bote

hot-air
balloon
el globo

wheelchair
la silla de
ruedas

truck el camión

33

How many have no wheels?
¿Cuántas cosas no tienen ruedas?

What has curved or straight lines?
¿Líneas curvas o rectas?

star
la estrella

moon
la luna

dice
los dados

pear
la pera

kite
la cometa

Can you see any curved lines in your house?
¿Ves alguna línea curva en tu casa?

adder la escalera

balls las pelotas

shell
la concha

boat
el bote

umbrella
el paraguas

Do any of your toys have straight lines?
¿Alguno de tus juguetes tiene líneas rectas?

Are there enough for the party?
¿Hay suficientes para la fiesta?

10 children at the party 10 niños en la fiesta

candy los dulces

balloons los globos

Is there enough candy for all the children?
¿Hay suficientes dulces para todos los niños?

cups   las tazas

hats
los sombreros

lollipops   las paletas

presents
los regalos

cakes   los pasteles

How many more cakes will be needed?
¿Cuántos pasteles más harán falta?

Count from 11 to 20
Cuenta del 11 al 20

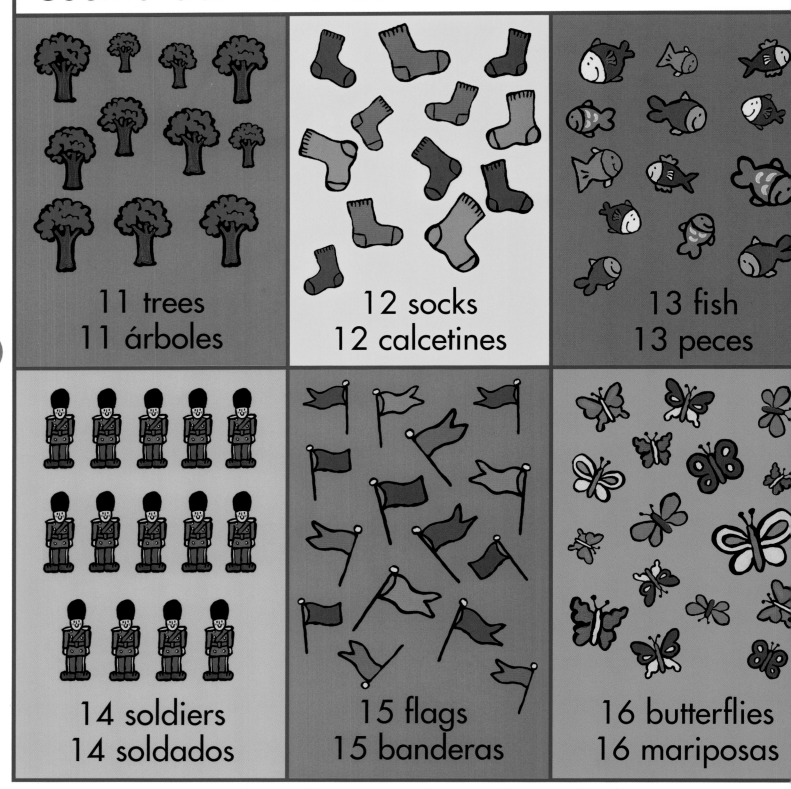

11 trees
11 árboles

12 socks
12 calcetines

13 fish
13 peces

14 soldiers
14 soldados

15 flags
15 banderas

16 butterflies
16 mariposas

How many fingers and toes do you have?
¿Cuántos dedos tienes en las manos y en los pies?

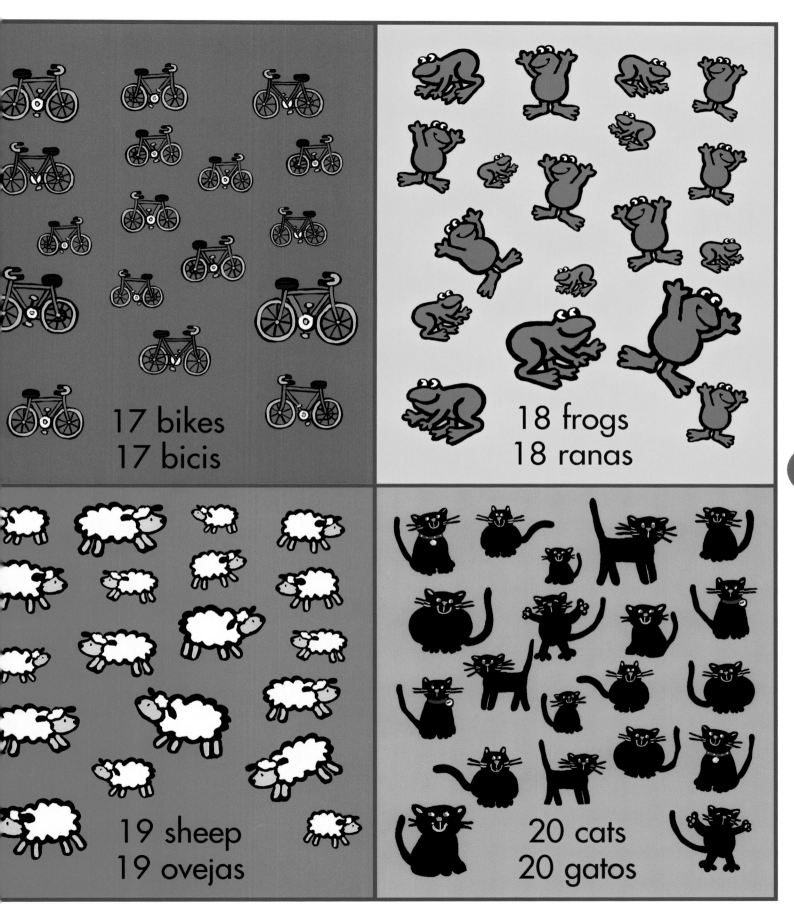

17 bikes
17 bicis

18 frogs
18 ranas

19 sheep
19 ovejas

20 cats
20 gatos

Can you count 20 of anything else?
¿Puedes contar otras 20 cosas?

Can you count 15 of one thing?
¿Puedes contar 15 cosas iguales?

spiders las arañas

balls of yarn
las bolas de estambre

paints
las acuarelas

Can you find the number 15?
¿Puedes encontrar el número 15?

yo-yos   los yo-yos

teddy bears
los ositos de peluche

hot dogs
los hot dogs

dragons   los dragones

15

41

How many legs does each spider have?
¿Cuántas patas tiene cada araña?

Which numbers are missing?
¿Qué números faltan?

hopscotch el avión

clock
el reloj

calculator la calculadora

What is the highest missing number?
¿De los números que faltan, cuál es el mayor?

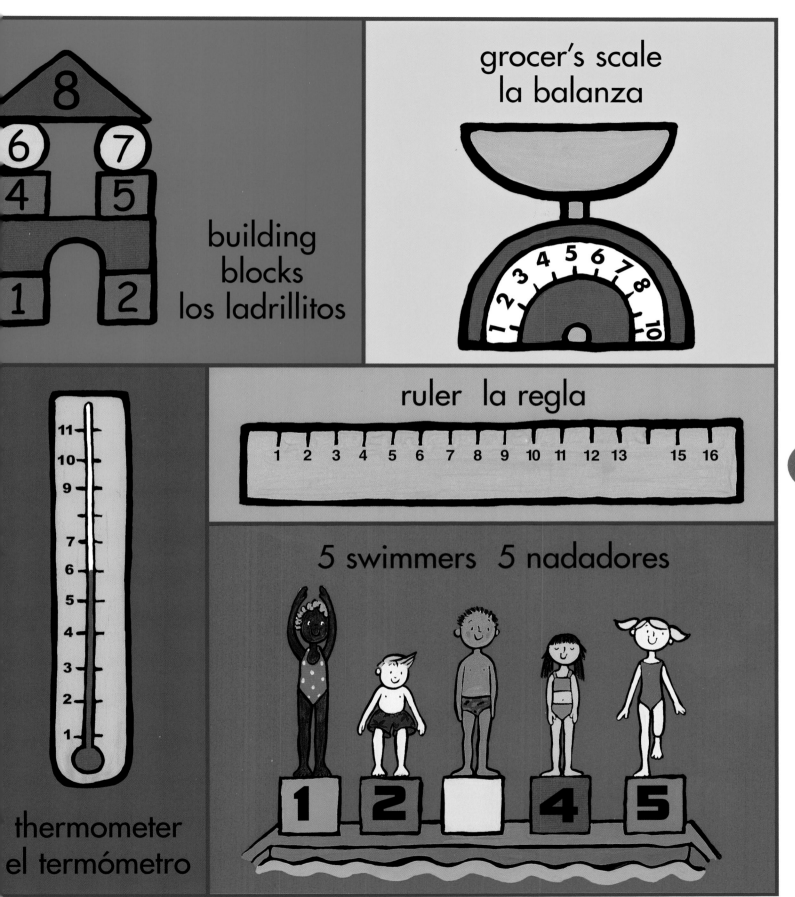

building
blocks
los ladrillitos

grocer's scale
la balanza

ruler la regla

thermometer
el termómetro

5 swimmers 5 nadadores

43

Do you know what time the clock is showing?
¿Sabes qué hora muestra el reloj?

Can you count the pairs?
¿Puedes contar los pares?

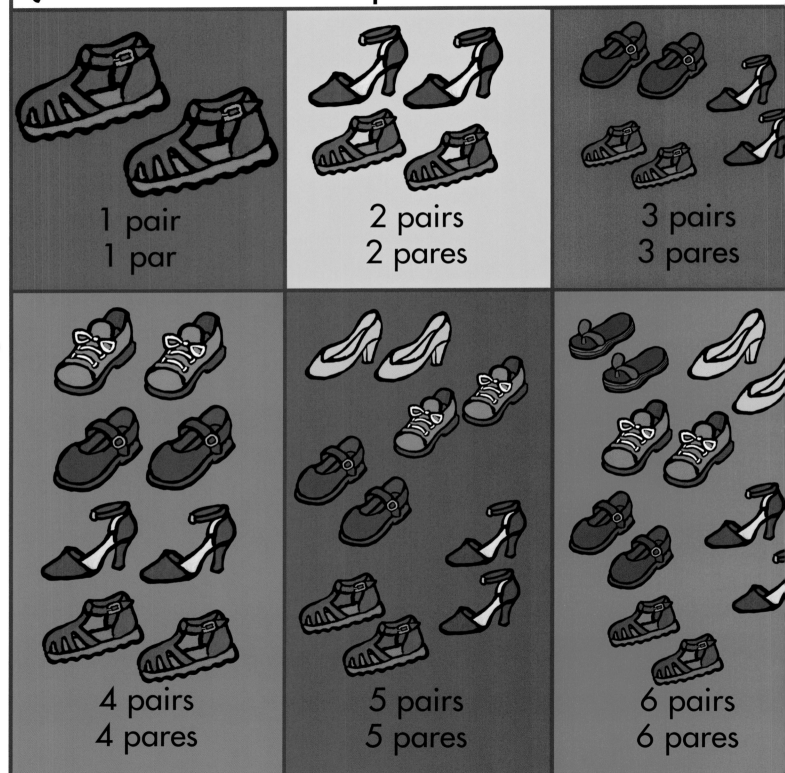

1 pair
1 par

2 pairs
2 pares

3 pairs
3 pares

4 pairs
4 pares

5 pairs
5 pares

6 pairs
6 pares

How many pairs are in 10 shoes?
¿Cuántos pares hay en 10 zapatos?

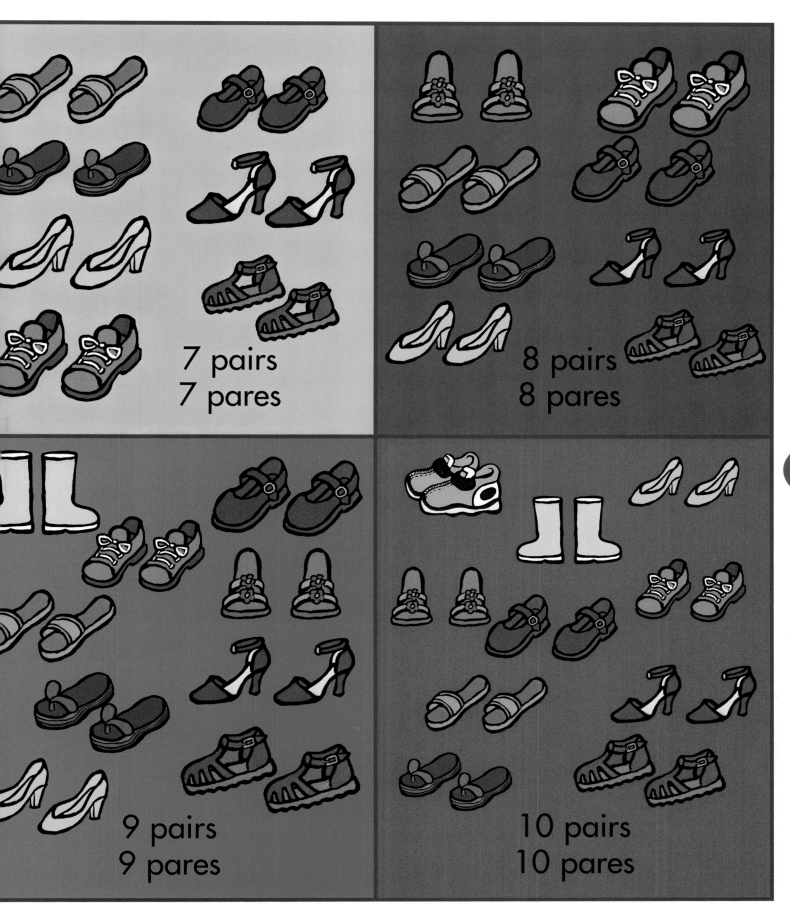

7 pairs
7 pares

8 pairs
8 pares

9 pairs
9 pares

10 pairs
10 pares

45

What other things come in pairs?
¿Qué otras cosas vienen en pares?

Find numbers in a neighborhood
Encuentra los números en el barrio

Potatoes
$1.00 per lb
Papas
$1.00 por libra

Apples
12¢ each
Manzanas
12¢ cada una

Oranges 20¢ each
Naranjas
20¢ cada una

Flo's Flowers
555-3194
Las Flores de Florencia

ABC 123

market stall el puesto del mercado

**soccer player
el jugador de fútbol**

**delivery truck
la camioneta de repartos**

car el coche

46

What is your house number?
¿Cuál es número de tu casa?

Seatown 12 mi.
Villa del Mar 19 km

signpost
la señal

bus
el autobús

fire engine el carro de bomberos

21

gate
la puerta del jardín

80

truck el camión

43

gas
pump

$20.00

la bomba de
gasolina

What numbers do you see on your street?
¿Qué números ves en tu calle?

Do you know these numbers?
¿Conoces estos números?

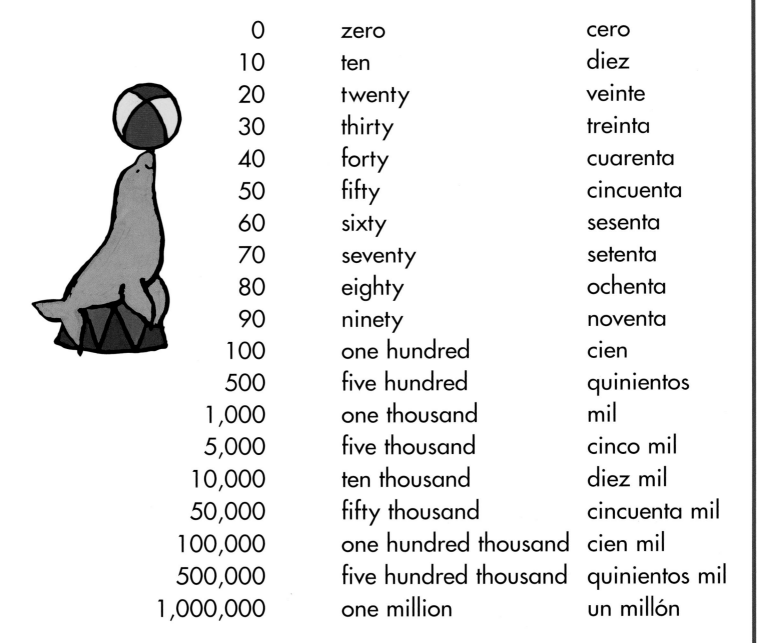

0	zero	cero
10	ten	diez
20	twenty	veinte
30	thirty	treinta
40	forty	cuarenta
50	fifty	cincuenta
60	sixty	sesenta
70	seventy	setenta
80	eighty	ochenta
90	ninety	noventa
100	one hundred	cien
500	five hundred	quinientos
1,000	one thousand	mil
5,000	five thousand	cinco mil
10,000	ten thousand	diez mil
50,000	fifty thousand	cincuenta mil
100,000	one hundred thousand	cien mil
500,000	five hundred thousand	quinientos mil
1,000,000	one million	un millón